Schneller, höher, weiter – das ist das Motto unserer Zeit. Was dabei jedoch oft auf der Strecke bleibt, ist die Lebensqualität. Kein Wunder also, dass so viele Menschen sich nach mehr Zeit für wirklich Wichtiges sehnen, nach mehr Zeit für sich selbst, für die Familie, für Freunde – einfach für alles, was das Leben schöner macht. Tropho-Training kann Ihnen helfen, Ihr Leben reicher zu machen. Erfahren Sie, wie Sie in Minutenschnelle Ihre Vitalität, Ihre Gesundheit und Ihre seelische Ausgeglichenheit stärken können.

Inhalt

Raus aus der Stressfalle

So finden Sie zu frischer Energie und neuer Vitalität

Stress lass nach! Wie oft haben Sie diesen Seufzer schon ausgestoßen? Schon oft? Keine Angst, damit sind Sie nicht allein, denn Stress ist heute allgegenwärtig. Doch Sie sind ihm nicht hilflos ausgeliefert – auch wenn Sie sich oft so vorkommen. Entdecken Sie Ihre eigenen Kraftquellen und lernen Sie, dem Überdruck die Stirn zu bieten.

Stress – der ständige Stachel

Es gibt Tage, da kommt einfach alles zusammen. Sie sind schon mit dem falschen Fuß aufgestanden, die Kinder quengeln, der Partner – oder die Partnerin – ist schlecht gelaunt, Sie hetzen zur Arbeit, die Kollegen sind wieder besonders nervtötend und dann noch ein Termin beim Chef …

Der Druck, den jeder kennt

»Stress bestimmt unser Leben«, das sagte in den 50er Jahren schon der Forscher Prof. Dr. Hans Selye, der den Begriff »Stress« prägte. Damals war ihm bestimmt noch nicht klar, wie sehr er Recht behalten sollte. Heute ist Stress allgegenwärtig. Keiner bleibt verschont. Ob Manager(in), Lehrer(in), Arbeiter(in), Sportler(in) oder Hausfrau beziehungsweise -mann – alle kennen diesen Druck, der mal mehr und mal weniger stark auf ihnen lastet.

Schleichende Gefahr für die Gesundheit

Stress raubt nicht nur Lebensfreude, er gefährdet auch die Gesundheit. Wer ständig unter Strom steht, der ist anfälliger für Kopfschmerzen, Herz-Kreislauf-Erkrankungen, hohen Blutdruck oder auch Magen-Darm-Probleme. Kein Wunder also, dass die Weltgesundheitsorganisation WHO Stress zur größten Gesundheitsgefahr für das 21. Jahrhundert erklärt hat.

Der Kopf spielt eine wichtige Rolle

Doch was stresst uns eigentlich so? Wie entsteht dieser Druck, der auf Dauer die Gesundheit angreift? Stress entsteht im Kopf, heißt es. Und da ist etwas Wahres dran. Denn eine Situation an sich ist nicht stressig. Der Druck entsteht erst durch unsere Bewertung der Situation.

info:

STRESS: ALARMSTUFE ROT IM KÖRPER

Ursprünglich war die Stressreaktion für uns Menschen überlebenswichtig. Denn sie macht unseren Körper in Sekundenschnelle reaktionsbereit – fürs Kämpfen oder fürs Fliehen. Stresshormone bringen den Organismus auf Trab. Das Herz schlägt schneller, der Blutdruck steigt, die Atemwege weiten sich und die Verdauung macht Pause. Das Problem der modernen Menschen: Der Körper läuft zwar auf Hochtouren, doch die Aktion bleibt aus – denn wer kann heute in einer Stress-Situation angreifen oder die Flucht ergreifen? Im Gegenteil! Es gehört sogar zum guten Ton, sich nichts anmerken zu lassen. Auf diese Weise kann man sich aber auch nicht abreagieren. Und: Chronischer Stress verhindert, dass der Körper wieder auf »Ruhe« schalten und sich erholen kann.

Test: Wie gestresst sind Sie?

Nicht jeder Mensch ist gleich anfällig für Stress. Was den einen aufregt, lässt den anderen kalt. Was den einen herausfordert, das überfordert den anderen bereits. Unser kleiner Stresstest gibt Ihnen einen Eindruck davon, wie ausgeprägt Ihre Stressbelastung zurzeit ist. Beantworten Sie einfach die folgenden 21 Fragen mit »stimmt« oder »stimmt nicht«. Antworten Sie möglichst spontan, ohne lang darüber nachzudenken.

1. Ich habe wenig oder gar keine Zeit für mich selbst.
2. Nach einem stressigen Tag abzuschalten gelingt mir nur sehr schlecht.
3. Um mich zu entspannen, trinke ich häufiger Alkohol.
4. Einen Tag ohne Stress und Hektik kann ich mir schon gar nicht mehr vorstellen.
5. Ich kann Bitten anderer nur selten abschlagen.
6. Ärger im Beruf ist für mich ganz alltäglich.
7. Ich habe oft das Gefühl, nicht gut genug zu sein.
8. In meiner Familie entstehen häufig Konflikte.
9. Ich habe kaum Kontakt zu Freunden oder Bekannten.
10. Gerne würde ich länger/besser schlafen.
11. Ich komme kaum noch zu Dingen, die mir Freude machen.
12. Ich habe das Gefühl, dass ich nie Feierabend habe.
13. Unvorhergesehenes wirft mich leicht aus der Bahn.
14. Es stört mich sehr, wenn etwas nicht perfekt wird.
15. Ich weiß gar nicht, wie ich alle meine Aufgaben unter einen Hut bringen soll.
16. Es gibt kaum Dinge, die ich wirklich genießen kann.
17. Bewegung kann ich mir nur selten verschaffen.
18. Selbst beim Essen muss es schnell gehen.
19. In der Freizeit erhole ich mich nicht so richtig.
20. Ich bin oft schlecht gelaunt.
21. Für ein Hobby bleibt mir keine Zeit.

Auswertung

Wie oft haben Sie mit »stimmt« geantwortet?

0 bis 3 Mal:

Ihre Stressbelastung hält sich in Grenzen. Prüfen Sie dennoch, ob Sie bestimmte Dinge nicht vielleicht doch ändern können!

4 bis 7 Mal:

Sie wissen durchaus, wie sich Stress anfühlt. Manchmal fühlen Sie sich ziemlich überfordert. Suchen Sie nach Methoden, wie Sie Ihren Stress besser bewältigen können!

8 bis 14 Mal:

Ihre Stressbelastung ist erheblich. Auf Dauer geht davon eine Gefahr für Ihre Gesundheit aus. Überlegen Sie, wie Sie es sich leichter machen können.

Mehr als 14 Mal:

Reduzieren Sie die Belastungen, unter denen Sie stehen! Sollten Sie es nicht alleine schaffen, holen Sie sich Hilfe!

Stress entsteht, wenn wir bestimmten Anforderungen unbedingt gewachsen sein wollen, es unserer Meinung nach aber nicht sind, oder wenn in einer Situation Erfolg beziehungsweise Misserfolg von großer Bedeutung für uns sind. Werten wir diesen Druck positiv, können wir ihn als Herausforderung verstehen. Dann spornt uns die Spannung an und macht uns leistungsfähiger. Doch der Grat zwischen Herausforderung und Überforderung ist schmal. Allzu viel Spannung raubt uns die Balance. Und das geschieht öfter, als es für unser Wohlbefinden und unsere Gesundheit gut ist. Dafür gibt es viele Gründe.

tipp:

8 Strategien gegen Stress

1. Üben Sie, »Nein« zu sagen. Damit sagen Sie »Ja« zu sich.
2. Lösen Sie sich von Ihrem Perfektionismus: Manches darf auch unvollkommen sein.
3. Setzen Sie Prioritäten: Was muss gleich erledigt werden, was kann warten, was können Sie getrost »vergessen«?
4. Stellen Sie realistische Anforderungen – vor allem an sich selbst!
5. Delegieren Sie, wann immer es möglich ist.
6. Tun Sie jeden Tag etwas, das Ihnen Spaß macht.
7. Treiben Sie Sport: Wer fit ist, steckt Stress besser weg.
8. Sorgen Sie für Freiräume: Auch kurze Auszeiten schaffen den nötigen Ausgleich.

Zu viel, zu schnell, zu hektisch

Wir leben in einer hektischen, schnelllebigen Zeit. Jeden Tag stürmt eine Flut von Informationen auf uns ein, die wir filtern und verarbeiten müssen. Die Fähigkeit, Wichtiges von Unwichtigem zu unterscheiden, ist heute wichtiger denn je.

Ewig jung und immer cool?

Was nach außen zählt, sind Erfolg, jugendliches Aussehen und eine gewisse Coolness. Tief in uns drinnen aber sieht es oft anders aus: Wir machen uns Sorgen und grübeln viel.

Gute Beziehungen? Fehlanzeige!

Wir haben zu wenig von dem, was uns Halt geben könnte – eine stabile Familie, religiöse Bindungen oder gute Beziehungen.

Pausen kommen zu kurz

In unserem hektischen Bemühen, allen Anforderungen gerecht zu werden, gönnen wir uns zu wenig Pausenzeiten. Dabei können wir all diese Anforderungen oft gar nicht erfüllen – aus einem ganz einfachen Grund: Das kann kein Mensch. Doch das ist uns oft nicht bewusst.

Der Körper signalisiert Überlastung

Irgendwann streikt der Körper oder gibt uns durch die verschiedensten Beschwerden zu verstehen, dass wir es übertreiben. Jeder Mensch reagiert unterschiedlich: Kopfschmerzen, Magenschmerzen, Verdauungsstörungen, Blutdruckschwankungen, schlechte Laune, ja sogar Herzprobleme – all das kann durch Stress ausgelöst werden.

Stress lindern – aber wie?

Hat man wieder einmal eine Stressphase überstanden oder steckt man im Dauerstress, dann gerät man schon mal ins Grübeln: Wie kann ich in schwierigen Situationen die Nerven behalten? Wie finde ich ausreichend Zeit für mich? Was hilft mir dabei, mein eigenes Potenzial zu entwickeln? Wie vermeide ich Stress? Wie vitalisiere und harmonisiere ich meinen Körper? Fragen über Fragen. Bestimmt haben Sie sich einige davon – oder vielleicht sogar alle – selbst schon gestellt. Lesen Sie einfach weiter, denn dieses Büchlein bietet eine wirksame Lösung.

tipp:

Drei Tipps für die stressigen Momente im Leben

➤ **Durchatmen:** Gerade in Stresssituationen fehlt einem oft die Luft zum Atmen. Und das, wo man doch die Energie jetzt so dringend bräuchte! Daher: Hinsetzen, eine Hand auf den Bauch und einatmen – Pause – ausatmen – Pause. Das Ganze drei Mal. Am Schluss einmal tief Luft holen und mit einem Seufzer ausatmen.

➤ **Tagträumen:** Erinnern Sie sich an schöne Momente in Ihrem Leben. Malen Sie sich die Szenen möglichst lebendig aus – in farbigen Bildern und zusammen mit den entsprechenden Gerüchen und Geräuschen.

➤ **Katastrophisieren:** Übertreiben Sie Ihre Befürchtungen so lange, bis Sie sie selbst lächerlich finden. Auf diese Weise verändern Sie Ihren Blickwinkel. Leider funktioniert diese Methode nicht bei allen Menschen. Dennoch ist sie manchmal einen Versuch wert.

Spannung als Lebenselixier

Entspannung gilt als probates Mittel, sich vom Stress zu befreien. Doch ist das wirklich so? Entspannung im eigentlichen Sinn des Wortes, also die »Ent«-fernung oder die völlige Abwesenheit von Spannung, ist nicht die Lösung des Problems. Denn Spannung ist ein Lebenselixier. Ohne Spannung gibt es keine Motivation, keine Lust, keine Freude, keine Energie. Wohlfühlen ist kein Dauerzustand. Es muss im Lauf des Lebens immer wieder aufs Neue errungen werden. Ständig entstehen Dysbalancen, die nach neuem Ausgleich drängen. Es ist der Mangel, der uns aktiv werden lässt. Doch zu viel Spannung wiederum ist der Gesundheit abträglich. Balance heißt das Zauberwort, Balance zwischen Anspannung und Entspannung. Größtmögliche Lockerheit bei größtmöglicher Power – dieser Zustand ist erstrebenswert und macht fit für den Alltag.

Leichter gesagt als getan

Doch wie gelangt man in diesen Zustand? Bisher gab es kein rundes Programm, das in wenigen Sekunden die notwendige Balance herstellt und noch dazu überall anwendbar ist.
Die meisten Methoden verlangen äußere Vorbedingungen und ihre Anwendung braucht Zeit. Und: Entspannung lernt man am besten in aller Ruhe. Denn nur was in aller Ruhe erlernt und immer wieder geübt wird, das funktioniert auch unter Stress. Völlig ungeübt in einer hektischen Situation darauf zu vertrauen, dass die Methode schon Wirkung zeigen wird, das ist allzu blauäugig.

Denken Sie an schöne Momente in Ihrem Leben. Das hilft gegen Stress.

Üben, üben und nochmals üben?

Bei den meisten Entspannungsmethoden stellen sich die gewünschten Ergebnisse erst nach längerem konsequentem Üben ein. So zum Beispiel beim autogenen Training oder der Muskelentspannung nach Jacobson. Beides sind »klassische« Entspannungsverfahren. Beide Methoden muss man sorgfältig erlernen und regelmäßig üben. Eine halbe Stunde pro Tag oder sogar mehr ist als Übungszeit einzukalkulieren. Erst dann kann man sich einigermaßen darauf verlassen, dass einem nach einiger Zeit eine hilfreiche Technik zur Verfügung steht, wenn man sie braucht.
Doch die wenigsten Menschen bringen diese Zeit tatsächlich auf. Das ist auch verständlich. Denn um in Ruhephasen etwas zu üben, das dann in der Hektik helfen soll, dafür braucht man schon eine ganze Menge Disziplin. Jedenfalls deutlich mehr davon, als der innere Schweinehund in der Regel zulässt. Denn – Hand aufs Herz – meistens ist irgend-

etwas anderes gerade wichtiger, als sich »für den Ernstfall« in Entspannung zu üben. Es müsste einfach eine Methode geben, die leicht und vor allem schnell zu erlernen ist. Eine Art »Eier legende Wollmilchsau-Methode« sozusagen.

Balsam für Körper, Geist und Seele

Die gute Nachricht: Es gibt so eine Entspannungs- oder vielleicht besser gesagt »Wohlspannungs«-Methode und sie heißt TrophoTraining.
Dahinter steckt eine wissenschaftlich fundierte Methode, die in sich alle praktisch nutzbaren Erkenntnisse aus Psychologie, Psychotherapie und Psychoanalytik vereint. Dr. Jakob Derbolowsky hat das TrophoTraining zusammen mit seinem Vater, dem Arzt und Psychotherapeuten Dr. Udo Derbolowsky, entwickelt. Heraus kamen sieben einfache Übungen. Sie sind die Quintessenz aus dem Wissen und der jahrzehntelangen ärztlichen Erfahrung mit Seele, Körper und Geist des Menschen.
Deswegen kann das TrophoTraining auch Körper, Seele und Geist gezielt ansprechen. Es lässt sich überall und jederzeit anwenden. Der Zeitbedarf umfasst nur etwa drei Mal eine Minute pro Tag. TrophoTraining ist jedoch nicht nur ein Entspannungs-, sondern auch ein Konzentrationstraining. Danach fühlt man sich nicht abgeschlafft oder der Realität entrückt, sondern konzentriert, erfrischt und hellwach.
Über bestimmte Vorstellungen beziehungsweise durch eine Art liebevoller Konzentration auf bestimmte Körperbereiche übermittelt man an sich selbst »geistig-seelische« Botschaften. Diese wiederum werden dann körperliche Wirklichkeit.
Wie funktioniert das und was bedeutet das praktisch? Unser Körper kann auf unsere Vorstellungen positiv reagieren. Voraussetzung: Sie sind stimmig und entsprechen der Wirklichkeit. TrophoTraining arbeitet mit solchen Vorstellungen. Zugrunde liegt die wissenschaftliche Erkenntnis, dass das, was man sich vorstellt, zu körperlichen Reaktionen führt.

info:

TrophoTraining

Die Bezeichnung TrophoTraining ist abgeleitet vom griechischen Wort »trophé«, was so viel heißt wie »Ernährung, Pflege, Lebensweise«, und vom englischen »training«, also Schulung beziehungsweise Üben. Der Name spielt auch auf die so genannte »trophotrope« Phase an. So nennt man den Zeitraum, in dem sich ein Mensch befindet, wenn er sich zum Beispiel im Schlaf erholt. Diese Namensgebung ist durchaus gerechtfertigt, denn mit TrophoTraining gelingt es, Körper, Seele und Geist von innen heraus zu regenerieren.

Beißen Sie in die virtuelle Zitrone

Beispiel gefällig? Stellen Sie sich vor, Sie beißen herzhaft in eine Zitrone. Malen Sie es sich genau aus – das gelbe Fruchtfleisch, der saure Saft, der in Ihren Mund fließt. Spüren Sie, was passiert? Spüren Sie, wie das Wasser in Ihrem Mund zusammenläuft? Obwohl es die Zitrone nur in Ihrer Vorstellung gibt, reagiert Ihr Körper, als würden Sie tatsächlich hineinbeißen. Spannend, nicht wahr?

Kurzurlaub auf die Schnelle

TrophoTraining hilft dem Körper, sich auf die Schnelle zu erholen. Die Durchblutung verbessert sich und damit auch die Versorgung mit Sauerstoff. Letzteres weiß besonders das Gehirn zu schätzen. Es startet richtig durch, arbeitet konzentrierter und leistet mühelos selbst verzwickte Denkarbeit.
Diese Soforteffekte stellen sich unmittelbar ein, meist schon beim ersten Versuch. Das wiederum erhöht die Motivation, TrophoTraining immer wieder anzuwenden, enorm. Denn eines hat dieses Training mit anderen Entspannungsmethoden gemeinsam: Es will geübt werden. Drei Mal am Tag eine Minute gilt es dafür zu investieren. Doch das ist eigentlich ein geringer Aufwand fürs persönliche Wohlfühlen, oder?

Wohlfühlen im eigenen Körper

TrophoTraining hat nicht nur Kurz-, sondern auch Langzeitwirkungen. Denn »so ganz nebenbei« tut TrophoTraining auch noch etwas für Ihr Selbstvertrauen und für Ihr »Selbst-Bewusstsein«. Langsam, aber sicher wird es das Verhältnis zu Ihrem Körper positiv beeinflussen. Es fördert ein liebevolles, warmherziges Körperbewusstsein. Sie werden sehen: Nach und nach wird sich Ihre Einstellung zu Ihrem Körper verändern. Sie werden anders mit Ihrem Körper umgehen. Doch dafür brauchen Sie ein wenig Geduld. Denn bis dahin vergehen in der Regel vier bis sechs Wochen.

TrophoTraining ist für Ihren Körper und Geist wie ein Kurzurlaub.

Die Power-Pause

In Sekundenschnelle erfrischt und hellwach

Klingt zu gut, um wahr zu sein? Probieren Sie es aus. TrophoTraining wirkt. Vorausgesetzt, Sie wenden es regelmäßig an. Doch drei Minuten Aufwand pro Tag sind eine geringe Investition für mehr Lebensqualität, oder? Starten Sie gleich heute in eine neue Wohlfühl-Dimension. Keine Angst: Die Übungen sind wirklich einfach. Sie verlangen von Ihnen nur Dinge, die Sie sowieso schon können!

Entspannung nach Plan: 3 x täglich

Auf den folgenden Seiten lernen Sie ein Training kennen, das Ihnen Zugang zu den entscheidenden Wirkmechanismen Ihres Unterbewusstseins eröffnet. Sie erfahren, in welcher Sprache Sie sich mit dieser unerschöpflichen Kraftquelle verständigen und wie Sie diesen mächtigen Helfer gezielt für sich nutzen können. Nämlich indem Sie in Ihrer Vorstellung Bilder mit möglichst intensiven Gefühlen verknüpfen.

Übung macht den Meister

Für uns verstandesorientierte Menschen ist die Verständigung mit unserem Unterbewusstsein allerdings nicht immer leicht. Es ist wie beim Erlernen einer Fremdsprache: Je mehr Sie üben, desto besser klappt es. Im Lauf der Zeit wird Ihr Wortschatz immer größer und die Missverständnisse werden immer weniger. So gilt auch für das Tropho-Training: »Erst Übung macht den Meister.«

Routine wie beim Zähneputzen

Am besten machen Sie TrophoTraining zu einem festen Bestandteil Ihres Tagesablaufs. Koppeln Sie es an bestimmte Handlungen, entwickeln Sie eine systematische Routine – genau wie fürs Zähneputzen. Diese Routine wird Ihnen helfen, sich an das Üben zu erinnern.
Das Ritual des Übens bildet zu allen Reizen, die von außen auf Sie einströmen, ein inneres Gegengewicht.
Freuen Sie sich auf die aufregenden Entdeckungen, die Sie noch machen werden!

Mehr Wohlwollen, Ruhe und Gelassenheit

Sie werden täglich erfahren, dass Sie mehr und mehr Wohlwollen, Ruhe und Gelassenheit ausstrahlen und ein fröhlicher, selbstbewusster Mensch sind.
Lesen Sie bitte neben dem Üben von Zeit zu Zeit auch die verschiedenen theoretischen Erläuterungen. Die Erfahrung hat gezeigt, dass das, was das TrophoTraining wirklich ausmacht, sich den meisten Menschen ganz allmählich erschließt. Die Kenntnis auch der theoretischen Grundlagen ist jedoch für einen dauerhaften Trainingserfolg sehr wichtig.

Einfach nur atmen

Alle Übungen des Tropho-Training sind einfach. Bis auf die erste. Die ist ganz besonders einfach. Sie benötigt keinerlei Vorbereitung, lediglich Aufmerksamkeit – und zwar eine ganz bestimmte Art von Aufmerksamkeit, nämlich Achtsamkeit.
Achtsam zu sein bedeutet, bewusst wahrzunehmen, was im Moment geschieht. Es geht dabei nicht darum, das Geschehen zu bewerten

oder es zu verändern, sondern nur um das bewusste Innehalten. Dieses Innehalten ermöglicht Ihnen, ganz bei sich zu bleiben – auch im Stress. Innehalten heißt nämlich auch, sich eine gewisse Distanz zu schaffen zu der Situation, in der man gerade steckt.

Achtsamkeit für den Atem

Wo auch immer Sie jetzt sind, ob Sie stehen, sitzen oder liegen: Sie können sofort anfangen. Es geht darum, etwas zu tun, das Sie sowieso laufend tun: zu atmen.
Schenken Sie diesem lebenswichtigen Vorgang Beachtung. Erleben Sie, wie Sie wie von selbst atmen – lassen Sie die Atmung geschehen. Tun Sie nichts, um diesen Vorgang zu beeinflussen. Nicht Sie atmen, sondern »es atmet Sie«. So werden Sie zum passiven Zuschauer. Sie dürfen das Wunder Ihrer vollautomatischen Atmung bewusst bewundern!
Lassen Sie den Atem strömen. Holen Sie drei Atemzüge lang nicht willentlich Luft, sondern lassen Sie den Atem kommen, wie er will, seinem Rhythmus entsprechend. Dann lassen Sie ihn wieder gehen, geduldig und eher ein wenig gebremst. Verändern Sie nichts. Beobachten Sie einfach, wie es geschieht:

- Ausatmung …
- Pause …
- Einatmung …

Strömend wie das Wasser

Stellen Sie sich den Atem wie Wasser vor: so wie Wasser aus einer Kanne langsam in ein Glas fließt.
Erst bedeckt das Wasser den Boden, bevor es langsam immer höher steigt. Das heißt: Das Wasser füllt das Glas von unten nach oben. Genau das macht der Atem in Ihrem Körper. Er strömt von oben durch die Nase ein und füllt den Körper, vom Gesäß bis zur Schulter. Gleichzeitig verändert sich Ihre Haltung: Mit jedem Einatmen richtet sich Ihr Körper etwas auf und nimmt mehr Raum ein.

Genau wie das Wasser aus dem Krug ein Glas füllt, füllt Ihr Atem Ihren Körper.

Treibstoff des Lebens

Ihren Atem bekommen Sie geschenkt und mit jedem Atemzug auch Ihr Leben. Denn der Atem versorgt Sie mit dem lebensnotwendigen Sauerstoff. Die Menge, die im Blut gespeichert ist, reicht gerade mal für ein paar Sekunden. Ohne Nachschub fangen die Organe innerhalb kürzester Zeit an, nach Sauerstoff zu schreien. Besonders empfindlich ist das Gehirn: Höchstens fünf Minuten überlebt es ohne sein wichtigstes Lebenselixier.

Programmiert auf Überleben

Unser Körper ist auf Überleben programmiert. Willentlich ersticken – das schaffen wir nicht. Eine Zeit lang können wir den übermächtigen Drang nach Luft unterdrücken. Profis wie Apnoe-Taucher – das sind solche, die ohne Flasche tauchen – schaffen das angeblich über sieben Minuten lang. Früher oder später wird das Verlangen nach Sauerstoff jedoch so stark, dass wir Luft holen müssen.
Den Impuls dazu gibt unser Atemzentrum ganz ohne unser Zutun. Dieses Zentrum regelt auch, wie schnell wir atmen: langsam, wenn wir auf dem Liegestuhl dösen, und schnell, wenn wir körperlich aktiv oder aufgeregt sind.

Im Nu Energie für jede Zelle

Jeder Atemzug bringt Sauerstoff zu allen Zellen des Körpers. Es ist beeindruckend: Atmen heißt, unseren 40 bis 120 Billionen Körperzellen die wichtigste Lebensgrundlage zu liefern. Denn Sauerstoff ist Energie pur. Ohne Sauerstoff keine Energie. Ohne Energie kein Leben. Energie ist aber gerade das, was uns der Stress raubt. Deswegen tut es gut, sich immer wieder an eine unerschöpfliche Energiequelle zu erinnern – den Atem. Allein sich auf die Tatsache zu konzentrieren, dass jede unserer Zellen mit jedem Atemzug Sauerstoff bekommt, hat bereits eine kräftigende Wirkung. Und dabei ist nicht wichtig, ob wir die Stärkung bewusst bemerken. Sie geschieht einfach und wirkt. Vorteil: Diese Achtsamkeitsübung ist einfach und kann überall und jederzeit problemlos ausgeführt werden.

info:

WUNDERWERK ATMUNG

Die Atemorgane sind in ihrer Bauweise ein Wunder für sich. Durch die Nase gelangt die Luft in den Kehlkopf und die Luftröhre. Sie teilt sich in zwei Hauptbronchien, die zur rechten und zur linken Lunge führen. Immer weiter verästeln sich die Bronchien bis zu den kleinen Atembläschen, den Alveolen. Zusammengenommen haben die Atembläschen immerhin eine Oberfläche von etwa 100 Quadratmetern. Das ist mehr als das 50fache der Hautoberfläche eines erwachsenen Menschen!

Feinste Haargefäße umschlingen die Atembläschen. Nur eine dünne Membran trennt Blut und Luft. Hier findet der Gasaustausch statt: Das Blut gibt Kohlendioxid ab und nimmt frischen Sauerstoff auf. Durchschnittlich 16 Atemzüge pro Minute macht ein Mensch. Und mit jedem Atemzug wird etwa ein Drittel Liter Luft ein- und ausgeatmet. Daraus ergibt sich ein Verbrauch von fünf bis sechs Litern pro Minute – bei Anstrengung deutlich mehr.

Lassen Sie los – atmen Sie aus!

Für die Zellen hat das Ausatmen die Bedeutung einer Müllabfuhr: Es schafft weg, was nicht mehr gebraucht wird.
Alle Körperzellen geben Kohlendioxid an das Blut ab. Es entsteht bei der Energiegewinnung aus Sauerstoff. Das Blut transportiert das Kohlendioxid bis zur Lunge. Jedes Ausatmen reinigt das Blut von Kohlendioxid – immerhin 12- bis 16-mal pro Minute.
Machen Sie es Ihren Zellen nach: Wenn der Atem langsam ausströmt, dann geben Sie alles hinein, was Sie belastet. Stellen Sie sich vor, wie er alles mitnimmt, was Sie bedrückt: alle Sorgen und alle Ängste.

Legen Sie den Sumpf trocken

Ausatmen wirkt also etwa so wie viele Gräben, die ein Sumpfgebiet entwässern und allmählich trockenlegen.
Wie die Kanäle das Wasser sammeln, so nimmt der Atem alle Anspannung und all das, was Sie beunruhigt, mit. Es beginnt an der Vorderseite des Körpers, fließt dann über die Flanken zum Rücken, läuft dann den Nacken, den Hinterkopf und den Scheitel entlang. Schließlich strömt alle Anspannung, begleitet vom Ausatmen, aus der Nase. Körperlich können Sie dabei bemerken, dass Sie ein wenig kleiner werden.

Schwemmen Sie Ihre Sorgen und Ängste einfach weg.

Verdiente Pause nach dem Ausatmen

Nach dem Ausatmen gönnt sich der Atem selbst eine kleine Pause.
Das ist auch für Sie eine gute Gelegenheit zum Innehalten. Es ist zudem eine kleine Übung in Geduld und gleichzeitig eine Übung, den lebenswichtigen Funktionen Ihres Körpers zu vertrauen. Warten Sie einfach ab. Sie können sicher sein: Ganz ohne Ihr Zutun wird ein automatischer Impuls Ihres Atemzentrums erneut einen Atemzug auslösen.
Damit beginnt dieser Energie spendende Zyklus von Neuem. Bedenken Sie dabei

vielleicht einmal, was Ihre Atmung Ihnen für Ihr Leben auch zeigt: sich immer wieder kleine Pausen zu gönnen gehört dazu.

Probieren Sie es aus – jetzt

Lesen Sie nicht weiter! Ergreifen Sie jetzt gleich die Gelegenheit für eine gute Erfahrung – für Ihren Einstieg ins TrophoTraining.

Bleiben Sie genau so, wie Sie gerade sind, egal ob Sie im Moment sitzen, stehen oder vielleicht dieses Buch in der Hand halten. Schließen Sie für einen Augenblick die Augen und nehmen Sie sich Zeit für diese erholsame Übung: Schauen Sie mit Ihrem inneren Auge drei Atemzüge lang zu, wie Ihre Atmung ganz von selbst abläuft. Erzwingen Sie nichts und ändern Sie nichts. Lassen Sie es einfach atmen.

Unbemerkt üben

Wiederholen Sie diese kleine-Übung einige Tage mehrmals täglich etwa drei Atemzüge lang.

Der Vorteil dieser Übung: Sie ist einfach, aber effektiv. Und: Sie klappt in praktisch jeder Umgebung. Sie müssen sich anderen gegenüber nicht »outen«. Sie müssen nicht sagen: »Ruhe bitte, ich entspanne mich gerade« oder Erklärungen über Ihr Verhalten abgeben. Solche kurzen scheinbaren Abwesenheiten sind in unserem Alltag ganz normal. Und atmen ist etwas, das sowieso jeder unentwegt tut. Der springende Punkt an der Übung ist Ihre Achtsamkeit für sich selbst. Weiteres Plus: Die Übung ist wirklich kurz. Sie dauert nur 10 bis 15 Sekunden. Eine Zeitinvestition, die man in der Regel problemlos tätigen kann und die sich voll und ganz lohnt! Wiederholen Sie diese Übung im Verlauf des Tages so oft Sie mögen, bis es für Sie ganz selbstverständlich ist, zwischendurch immer wieder einmal innezuhalten und achtsam zu sein.

tipp:

Atmen Sie mit Ihrem Bauch

Sich auf die eigene Atmung zu konzentrieren hat einen entspannenden Effekt. Diesen Effekt können Sie verstärken, indem Sie bewusst in Ihren Bauch atmen. Denn die Bauchatmung ist die natürliche, entspannte Atemtechnik. Sie aktiviert besonders das Zwerchfell und versorgt große Teile der Lunge mit Luft.

Übrigens: Säuglinge atmen nur so. Weil ihre Rippen zu horizontal stehen, können sie den Luftraum im Brustbereich nur mithilfe des Bauches erweitern.

Probieren Sie's aus: Legen Sie im Sitzen oder im Liegen eine Hand auf den Bauch. Atmen Sie langsam ein und spüren Sie, wie sich Ihre Hand allmählich hebt. Beim Ausatmen sinkt die Hand wieder. Diese Atemtechnik eignet sich auch gut dazu, in stressigen Situationen Abstand zu gewinnen. Drei bis vier ruhige Atemzüge – und Sie fühlen sich besser!

Eine Frage der Balance

Jemanden, den nichts so leicht aus der Ruhe bringt, der nicht einmal himmelhoch jauchzend und ein anderes Mal zu Tode betrübt ist, den bezeichnen wir als ausgeglichen. Wer sich dagegen so richtig ärgert, der ist »außer sich«. Auch in stressigen Situationen passiert das recht schnell.
Kennen Sie das? Falls ja, können Sie in einer solchen Situation angemessen reagieren? Wahrscheinlich nicht. Der Grund dafür ist, dass Sie selbst bestimmen müssen, was angemessen ist. Und dafür wiederum müssen Sie »bei sich« sein, denn Sie setzen den Maßstab.

Dem Stress hilflos ausgeliefert?

Außer sich zu sein führt auch dazu, dass man meint, einer Situation hilflos ausgeliefert zu sein. Genau dieses Gefühl empfinden wir bei Stress: Wir kommen uns vor wie eine Marionette, die nur die Wahl hat, so zu regieren, wie es die Fäden vorgeben, an denen sie hängt. Dabei hätten wir mit etwas mehr Ausgeglichenheit durchaus das Ruder in der Hand. Ein anderes Wort für Ausgeglichenheit ist Balance.

Stress entsteht durch Dysbalancen

Diese Balance, also der Ausgleich zwischen innen und außen, ist seit jeher eine Aufgabe des Menschen, die für sein Überleben notwendig ist. Ähnlich der Balance zwischen Nehmen und Geben ist die Balance zwischen Innen- und Außenreizen wichtig.
Stress entsteht, wenn wir Äußeres, wie die Firma, den Chef, die Familie, wichtiger nehmen als uns und unser Inneres. Die Folge: Wir missachten unsere Bedürfnisse und verdrängen unsere Sehnsüchte. Wir arbeiten über unsere Kräfte oder opfern uns buchstäblich auf. Wirklich gedient ist damit aber niemandem – uns selbst nicht und den anderen ebenfalls nicht.

Harmonie zwischen innen und außen

TrophoTraining bringt Sie in Balance. Sie lernen, der Flut von Außenreizen die Stabilität und die Ruhe Ihrer Innenwelt entgegenzusetzen – wie der sprichwörtliche Fels in der Brandung.
Und um genau diese Balance zwischen innen und außen geht es in der folgenden Übung. Sie zeigt Ihnen einen Weg zu mehr Harmonie und konzentrierter Gelassenheit – auch wenn es um Sie herum gerade hoch hergeht.

Achtsamkeit für den Atem

Beginnen Sie damit, dass Sie die erste Übung (siehe Seite 14) wiederholen. Wo immer Sie sich befinden, halten Sie inne und gestatten sich drei gemächliche Atemzüge. Beobachten Sie sich beim Atmen. Verändern Sie nichts.

Erinnern Sie sich beim Einatmen daran, dass nun jede Zelle Sauerstoff bekommt. Packen Sie dann alles, was Sie beunruhigt, belastet und verkrampft, in das Ausatmen und geben Sie es einfach ab. Warten Sie nach dem Ausatmen jeweils die kleine Pause ab, bis von Neuem ein Einatem-Reiz entsteht.

Die Formel für Ausgeglichenheit

Nach den drei Atemzügen denken Sie formelhaft folgenden Satz:

Alles ist ganz
gleich-gültig …

Nicht verzweifeln, Sie sind dem Stress nicht hilflos ausgeliefert.

Alles ist ganz gleichgültig: Das heißt: nicht mehr gültig – nicht *weniger* gültig, sondern ganz *gleich* gültig. Verbinden Sie diesen Satz mit einem passenden Bild. Dazu stellen Sie sich am besten eine Waage vor.
Eine Waage, wie Sie sie vielleicht von alten Apotheken her kennen. Oder eine, die Sie auf dem Wochenmarkt gesehen haben. Eine Waage mit zwei Waagschalen, eine rechts und eine links. Die Schalen sind über den Waagebalken und den Drehpunkt miteinander verbunden. Sie befinden sich auf gleicher Höhe – also im Gleichgewicht – wenn die Gewichte auf beiden Seiten übereinstimmen.

Legen Sie alles in die Waagschalen

Ist es Ihnen gelungen, eine solche Waage vor Ihrem inneren Auge entstehen zu lassen? Bauen Sie das Bild nun weiter aus. Stellen Sie sich vor, auf der einen Waagschale sitzen Sie mit allem, was zu Ihnen gehört. Auf der anderen Waagschale liegt alles andere.

Dazu gehören alle Ansprüche Ihrer Umwelt, alles, was Sie ärgert oder ängstigt, und der ganze Stress.
In dieser Waagschale ist auch Platz für alle Menschen, die etwas von Ihnen fordern.
Kurz gesagt: In der anderen Waagschale liegt all das, was Sie belastet.

Ein Bild von perfekter Balance

Jetzt kommt ein wichtiges Detail – die Balance:
Sehen Sie die beiden Waagschalen innerlich auf gleicher Höhe im Gleichgewicht, in einer ausgewogenen Balance. Dieses Bild entspricht den tatsächlichen Gegebenheiten Ihres Lebens, auch wenn Sie es anders empfinden. Unsere Empfindungen können nämlich durchaus einmal anders sein als die dahinter liegenden Fakten. Doch tatsächlich kann für Sie nichts wichtiger sein als Sie selbst. Denn ohne sich selbst hätten Sie nichts.
Um Ihr Bewusstsein für diese Balance zu stärken, sagen Sie sich mehrmals hintereinander den folgenden Satz:

Alles ist
ganz gleich-gültig …

Achtung! Dieses gleich-gültig bedeutet nicht etwa ungültig oder weniger gültig. Es bedeutet vielmehr, alles ist gleich gültig, also von gleicher Gültigkeit. »Ich und alles andere« sind gleich (ge)wichtig, von gleichem Wert.
Das kann zum Beispiel heißen: »Ich bin genauso wichtig wie …

- … das Klingeln des Telefons.«
- … das verlockende Essen.«
- … die scheinbaren Ansprüche meiner Familie.«
- … die Aufgaben, die ich oder mein Chef mir stellen.«
- … die Anforderungen der Kollegen.«
- … meine Gedanken, die wie Wolken am Himmel dahineilen und vorüberziehen und doch bleiben wollen.«

Sicher fallen Ihnen dazu noch weitere Beispiele ein.
Achten Sie bei dieser Übung insbesondere auf Ihre Gefühle! Freuen Sie sich über diese wichtige Erkenntnis: Alles ist gleich-gültig.

Für diese Übung hat sich das Bild einer Apothekerwaage bewährt.

Nehmen Sie sich Zeit für die Balance-Übung!

Auch diese Übung können Sie unbemerkt von anderen in jeder beliebigen Umgebung durchführen. Kombinieren Sie sie mit der Atem-Achtsamkeit und üben Sie beide zusammen mehrmals täglich, aber jeweils nicht länger als etwa eine Minute. Nehmen Sie sich Zeit, übereilen Sie nichts. Üben Sie so lange, bis Ihnen die Vorstellung der Waage im Gleichgewicht einigermaßen geläufig ist. Im Laufe der Zeit wird es Ihnen immer leichter fallen, dieses Bild aus Ihrem Gedächtnis abzurufen.

Der Effekt: Erfrischt und hellwach

Wahrscheinlich werden Sie beim Üben bemerken, dass Sie zwischen sich und Ihrer Umwelt einen gewissen Abstand schaffen. Vielleicht kommen Sie sich auch ab und zu wie »entrückt« vor. Keine Angst, das ist durchaus normal und beabsichtigt. Denn aus einer gewissen Distanz heraus verliert der Stress viel von seinem Stachel.

Damit Sie nach einer Übungssequenz wieder »ganz da« sind, sollten Sie sie bewusst beenden (siehe dazu auch das Kapitel »Rücknahme«, Seite 30 ff.).

Haben Sie die Gelegenheit dazu, sich zu bewegen, dann recken und strecken Sie sich ausgiebig. Und gähnen Sie herzhaft! Denn Gähnen versorgt Ihren Körper mit einer Extraportion Sauerstoff.

Wenn Sie das unbemerkt tun möchten, dann sagen Sie sich mehrmals energisch den Satz vor: »Ich bin erfrischt und hellwach.«

Selbstsicherer, souveräner und gelassener

Bei regelmäßigem Training werden Sie sehr bald feststellen, dass Sie Ihre Interessen besser vertreten und souveräner entscheiden können, wenn Sie sich in alltäglichen Stress-Situationen an das Bild der Waage erinnern.

tipp:

WAS DIE BALANCE FÖRDERT

➤ **Ausreichend Schlaf:** Rund sechs bis acht Stunden Schlaf braucht ein Erwachsener pro Tag. Ein Schlafdefizit führt zu Reizbarkeit, Erschöpfung, Angst und depressiven Verstimmungen.

➤ **Ausgewogene Ernährung:** Schweres Essen macht müde. Einseitige Kost führt zu Mangelerscheinungen. Keine guten Voraussetzungen, um wirklich leistungsfähig zu sein.

➤ **Soziale Kontakte:** Ein Treffen mit Freunden, gute Gespräche – das ist Balsam für unsere Seele.

➤ **Die eigene Mitte finden:** Ob mit Meditation, Tai Chi oder Qi Gong – jeder macht das anders. Sie könnten es zum Beispiel mit TrophoTraining probieren!

➤ **Hobby:** Gezielt eigenen Interessen nachzugehen ist ein probates Rezept gegen Stress.

Jetzt stellt sich Ruhe ein

Ruhe – ist das, wonach wir uns im größten Trubel am meisten sehnen. Und gleichzeitig das, was wir in diesem Moment für unerreichbar halten. Dabei ist es gar nicht so schwer, sich bewusst Ruheinseln zu schaffen – immer und überall.
Diese kleinen »Auszeiten« wirken wie ein Kurzurlaub zwischendurch. Sie tanken frische Energie und gewinnen neue Kraft. Danach sind Sie wieder fit für Ihren Alltag. Die dritte Übung widmet sich dem Thema Ruhe.

Der einfache Weg zur Ruhe

Beginnen Sie wieder damit, dass Sie etwa drei Atemzüge lang Ihre eigene Atmung beobachten. Stellen Sie sich vor, wie beim Ausatmen alle Anspannung, alles Belastende und Ärgerliche in den Atemstrom hineinfließt und durch Ihre Nase Ihren Körper verlässt. Sagen Sie sich die Worte »Alles ist gleich-gültig« vor und rufen Sie sich das Bild der Waage vor Ihr inneres Auge. Sehen Sie, wie sich die beiden Waagschalen im Gleichgewicht befinden.

Konzentration auf das äußere Bild

Machen Sie sich dann bewusst, wie Sie gerade in diesem Augenblick dasitzen – oder vielleicht liegen oder stehen Sie ja auch. Von außen betrachtet sind Sie jedenfalls ruhig und unbewegt. Konzentrieren Sie sich auf dieses äußere Bild der Ruhe und stellen Sie für sich fest:

»Ich bin ganz ruhig.«

Das heißt nicht mehr und nicht weniger als: Ich habe die Ausgangsstellung eingenommen. Mein Körper befindet sich für jeden sichtbar in einer Ruhestellung. Ich sitze oder liege ruhig da, rede dabei mit mir und trainiere, bestimmte Vorstellungen bewusst einzuschalten.

Ruhe – Illusion oder gar Suggestion?

An dieser Stelle wenden Sie vielleicht ein, dass Sie sich gar nicht ruhig fühlen. Erst recht nicht, wenn Sie mitten im größten Stress stecken. Und Sie fragen sich wahrscheinlich, ob der Satz »Ich bin ganz ruhig« nicht einfach nur eine Illusion oder bestenfalls eine Suggestion ist.
Diese Frage ist natürlich berechtigt. Es kann sogar sein, dass Ihr Verstand Sie so lange nicht in Ruhe lässt, bis er eine Antwort auf diese Frage bekommen hat.

Die Ruheformel bildet die Wirklichkeit ab

Dabei ist die Antwort ganz einfach, logisch und daher für den Verstand leicht nachvollziehbar. In dem Moment, in dem Sie üben, ist der Satz »Ich bin ganz ruhig« keine Illusion. Denn in der Tat sitzen, liegen oder stehen Sie ruhig da. Jeder, der Sie von außen sieht, kann Ihnen das bestätigen.

Alle Formeln des TrophoTrainings stellen nämlich lediglich das fest, was im Augenblick des Übens bei Ihnen tatsächlich der Fall ist. Deshalb müssen diese Formeln auch nichts suggerieren. Sie entsprechen Ihrer augenblicklichen Wirklichkeit.

Ehrgeiz ist fehl am Platz

Und: Es geht nicht darum, etwas zu verändern oder bewusst erreichen zu wollen. Ehrgeiz ist hier völlig fehl am Platz, ja sogar hinderlich. Denn Ehrgeiz erzeugt Stress – und dem wollen Sie ja gerade entkommen, oder?
Sie dürfen also getrost locker lassen.
Sollten sich körperliche Veränderungen einstellen, ignorieren Sie diese einfach. Bleiben Sie ganz bei der Vorstellung, dass sich Ihr Körper äußerlich sichtbar in einer ruhigen Lage befindet.

Mit TrophoTraining schaffen Sie sich dringend benötigte Ruhenischen – immer und überall!

Die Botschaft kommt an und wird befolgt

Sie werden nach einigem Üben beobachten, dass Ihr Unterbewusstsein die Botschaft »Ich bin ganz ruhig« wörtlich befolgt. Es sorgt automatisch dafür, dass Sie auch innerlich ruhig werden, wann immer Sie diese Worte denken. Verblüffend einfach, verblüffend effektiv.
Vielleicht schaltet sich jetzt wieder Ihr kritischer Verstand ein und will wissen, wie das klappen soll. Ganz einfach: TrophoTraining nutzt die natürlichen Gesetze, nach denen unser Körper funktioniert.

Die Macht unserer Vorstellungen

Eines dieser Gesetze ist, dass sich unsere Vorstellungen unmittelbar auf unseren Körper auswirken. Das ist eine alltägliche Erfahrung, die jeder schon mehr oder weniger bewusst gemacht hat.
Der Zusammenhang ist wissenschaftlich erwiesen. Die Bezeichnung dafür lautet »Ideoplasie«, was so viel heißt wie: »Eine Idee wird plastisch.« Das bedeutet, eine Idee, die vor unserem geistigen Auge entsteht, nimmt in Form einer körperlichen Reaktion Gestalt an.

Zitronen machen den Mund wässrig

Bestimmt haben Sie auch schon erlebt, wie Ihnen der Gedanke an ein gutes Essen das Wasser im Munde zusammenlaufen ließ. Noch stärker reagieren Sie wahrscheinlich, wenn Sie hungrig sind und Ihnen der Duft Ihres Lieblingsessens in die Nase steigt. Oder denken Sie an das Beispiel mit der Zitrone vom Anfang des Buches (siehe Seite 11).
Probieren Sie es aus. Betrachten Sie das Bild der aufgeschnittenen Zitrone. Stellen Sie sich vor, Sie würden hineinbeißen. Spüren Sie, was passiert?
Diesen Effekt können Sie auch ganz praktisch nutzen: Wenn Sie sprechen möchten, aber Ihr Mund zu trocken ist – denken Sie einfach an die Zitrone!

Die Gedanken dürfen vorbeiziehen

Wenn Sie üben, kann es sein, dass Sie sich dabei immer

Der »Zitroneneffekt« – ein Beispiel für die Macht unserer Gedanken.

wieder gestört fühlen. Ein häufiger Störfaktor sind erfahrungsgemäß die eigenen Gedanken oder Geräusche aus der Umgebung. Das ist ganz natürlich und völlig normal. Bleiben Sie locker und setzen Sie sich nicht unnötig unter Druck.
Das Ziel, »gedankenlos« und in einem schalldichten Raum zu sein, ist unrealistisch und perfektionistisch. Und unrealistische, perfektionistische Ziele wiederum laden Stress geradezu ein. Also: Sehen Sie es realistisch. Bestimmte Geräusche gehören eben zu Ihrer Umgebung, genau wie die Gedanken zu Ihnen gehören. Was wirklich zählt, ist einzig und alleine, wie Sie damit umgehen.
Am Anfang kann es hilfreich sein, für die eine Minute der Übung zunächst eine möglichst ruhige Umgebung zu wählen. Sind Sie jedoch erst einmal mit der Methode vertraut, können Sie sie praktisch zu jeder Zeit und überall anwenden.

Lassen Ihre Gedanken beim Üben einfach vorbeiziehen und eilen, wohin auch immer sie mögen. Auch die Geräusche der Umwelt sind ja stets da. Entscheidend ist letztlich, dass Sie Ihr eigenes Ich als gleich wichtig einschätzen, ganz im Sinne von *»Alles ist gleich-gültig«*.

Ohne Fleiß kein Preis: So üben Sie weiter

Mit diesen drei Übungsteilen nimmt Ihr TrophoTraining nun langsam, aber sicher Gestalt an. Üben Sie auch die Ruheformel wieder einige Tage mehrmals täglich, bis sie Ihnen völlig vertraut ist. Bitte investieren Sie dafür aber jeweils nicht mehr als etwa eine Minute.
Denken Sie daran: Planen Sie Ihre Übungszeiten fest in Ihren Tagesablauf ein. Verteilen Sie die Anti-Stress-Power-Pausen regelmäßig über Ihren Tag. Und Sie werden merken, wie Sie Stress besser wegstecken und gelassener reagieren.

tipp:

WIE IHR KÖRPER AUF IHRE VORSTELLUNGEN REAGIERT

Wenn Sie den »Zitroneneffekt« kennen gelernt und Lust auf ein weiteres Experiment haben, dann probieren Sie's mit dem »Ziehversuch«. Dazu brauchen Sie einen Helfer, der mit einer Armlänge Abstand vor Ihnen steht, sozusagen von Angesicht zu Angesicht. Schließen Sie die Augen und stellen Sie sich vor, wie Sie an den Schultern nach vorne gezogen werden. Sobald es Ihnen gelingt, sich diesen Zug lebhaft vorzustellen, werden Sie sich tatsächlich nach vorne bewegen. Ihr Helfer bleibt zunächst untätig, stoppt aber dann Ihre Bewegung mit den Armen, damit Sie nicht hinfallen. Schon das Schwanken nach vorn um wenige Zentimeter genügt, um Ihnen einen Eindruck davon zu verschaffen, wie Ihr Körper auf Ihre Vorstellungen reagiert. Diese Übung können Sie natürlich auch nach rückwärts ausführen.

Schwere mit Leichtigkeit

Nehmen Sie sich ein wenig Zeit, bevor Sie mit der nächsten Übung beginnen, und denken Sie über die Antworten auf ein paar ungewöhnliche Fragen nach: Was halten Sie eigentlich von sich und Ihrem Körper? Mögen Sie sich, so, wie Sie sind? Empfinden Sie manchmal so etwas wie ein Gefühl von Dankbarkeit für Ihren Körper? Dankbarkeit, weil er so lange schon so erstaunlich gut funktioniert? Weil er so voller Wunder ist, wie er ist?
Antworten Sie nicht sofort. Lassen Sie die Fragen einen Moment auf sich wirken.

Wunderwerk Organismus

Unser Körper funktioniert normalerweise einigermaßen gut. Er erfüllt alle seine vielfältigen Aufgaben, ohne dass wir bewusst mit unserem intelligenten, logischen Verstand steuernd eingreifen müssten.
Wären wir darauf angewiesen, alle unsere körperlichen Funktionen bewusst zu steuern, hätten wir sicher keine Kapazitäten für andere Aufgaben frei. Denn unser Körper ist ein hoch kompliziertes System aus Zellen, Organen und Regulationssystemen. Zum Glück aber erfüllt er ja in der Regel seine komplizierten Aufgaben ohne unser bewusstes Zutun.

Die Intelligenz des Körpers

Stoffwechsel, Wachstum, Bewegungssteuerung, Anpassung an unterschiedliche Anforderungen – all das geschieht vollautomatisch. Wenn aber unser Körper in der Lage ist, so komplexe Funktionen selbständig auszuführen, dann muss er eine Art eigener Intelligenz besitzen. Viele Forscher meinen sogar, dass nicht nur der Organismus als Ganzes, sondern auch jede einzelne Zelle Intelligenz besitzt.

Einheit aus Körper, Geist und Seele

Zwischen diesen drei »Partnern« gibt es Beziehungen, die Sie schon am eigenen Leib erfahren haben. Denken Sie nur an das Wasser, das Ihnen im Munde zusammenläuft, oder an das Herz, das vor Freude hüpft. Diese Reaktionen laufen unkontrolliert ab. Vielleicht haben Sie manchmal sogar das Gefühl, dass Sie solche Reaktionen »erleiden«, ihnen ausgeliefert sind. Dann haben wir eine gute Nachricht für Sie: Ganz ohne Einfluss darauf sind Sie nicht. Denn Sie können zum Beispiel mit Ihrem Körper kommunizieren. Und um diese Kommunikation geht es in der nächsten Übung.

Das Training für mehr Freude am Leben

Mit TrophoTraining können Sie sich innerlich stabilisieren. Sie können bewusst kommunizieren und dabei gezielt positiv auf Ihren Körper und Ihr Gemüt einwirken.

Sie möchten wissen, wie? Nun, das ist etwa so wie bei einem Kind: Je mehr Liebe und Aufmerksamkeit Sie ihm geben, je mehr Sie sich mit ihm beschäftigen, desto besser wird Ihr Verhältnis zu ihm und desto schöner und inniger wird Ihre Beziehung zu ihm sein.
Also, sprechen Sie ganz einfach auch mit Ihrem Körper.

Wie reden Sie denn mit Ihrem Körper?

Mit dem eigenen Körper zu sprechen – das wird Ihnen vielleicht ein wenig seltsam vorkommen. Tatsächlich aber tun es alle Menschen. Meistens leise und innerlich, manchmal sogar laut. Doch die Kommunikation ist oft nicht gerade freundlich. Da ist es »der blöde Magen«, der knurrt. Oder »das dumme Knie«, das beim Treppensteigen schmerzt.

Schenken Sie Ihrem Körper die gleiche liebevolle Aufmerksamkeit, die Sie auch Ihrem Kind oder Partner schenken – es lohnt sich!

Liebevoll sind diese Bezeichnungen nicht gerade. Sie sagen viel über unser Verhältnis zu unserem Körper aus. Dabei braucht er eine liebevolle, tröstende und warmherzige Zuwendung gerade dann, wenn Beschwerden auftreten. Diese Art der Zuwendung können Sie beim TrophoTraining lernen – Ihr Körper wird es Ihnen danken. Sie wissen ja: Wie man in den Wald hineinruft, so schallt es auch heraus.

So nehmen Sie Kontakt auf

Nun sind Sie am Zug. Führen Sie alle Übungsteile aus, die Sie bisher gelernt haben: die Atem-Achtsamkeit, die Waage und die Ruheformel. Zum Einstieg in Ihre neue, freundliche Kommunikation mit Ihrem Körper wählen Sie dann einen Körperteil, der Ihnen gut vertraut ist: Ihren rechten Arm. Linkshänder nehmen den linken Arm. Um Kontakt aufzunehmen, verwenden Sie folgenden Satz:

tipp:

Trösten, nicht schimpfen!

Was tun Sie, wenn ein Kind stolpert und der Länge nach hinfällt? Schimpfen Sie »Du dummes Ding, kannst du nicht besser aufpassen?« Ist das Ihre spontane Reaktion? Nein? Warum nicht? Vielleicht weil Sie das grausam finden? Als liebevoller Mensch werden Sie sich dem Kind tröstend zuwenden. Schließlich ist das Missgeschick schon passiert. Die Frage nach der Ursache oder gar nach der »Schuld« ist in diesem Moment völlig zweitrangig. Trost ist das, was das Kind jetzt braucht. Trösten heißt jemandem zeigen, dass man ihn mag – egal was passiert ist.

Nun überlegen Sie: Wie gehen Sie mit sich selbst um, wenn Ihnen etwas misslingt oder Sie einen Fehler machen? Üben Sie jeden Tag mehrfach, sich zu trösten. Zeigen Sie sich, dass Sie sich mögen – ohne Rücksicht auf die Umstände. Befassen Sie sich erst danach damit, den Schaden zu begrenzen.

Mein lieber rechter Arm,
du bist ganz schwer,
ganz warm.

Linkshänder setzen »linker Arm« in die Formel ein

Für Rechts- und Linkshänder aber gilt: Auch mit dieser Formel stellen Sie lediglich einen Sachverhalt fest. Es geht nicht darum, dass Sie an dieser Stelle aktiv etwas bewirken oder verändern!
Denn Ihr Arm wiegt tatsächlich einige Kilogramm, und er ist tatsächlich von zirka 37 Grad warmem Blut durchströmt. Das ist übrigens auch dann so, wenn er sich außen kühl anfühlt.

Kontrolle nicht erforderlich

Widerstehen Sie auch der Versuchung nachzuprüfen, ob Sie das Gewicht Ihres Arms und seine Wärme spüren. Beim autogenen Training wäre das Ihre Aufgabe (wegen der gewünschten Veränderung), nicht jedoch beim TrophoTraining, weil Sie ja nichts verändern.

Die Kommunikation mit Ihrem Körper – wie ein Brief an einen Freund.

Beim TrophoTraining ist es sogar falsch, auf körperliche Veränderungen oder gar einen unmittelbaren »Erfolg« zu achten. Für das gewünschte Ergebnis, nämlich konzentrierte Gelassenheit, ist diese Kontrolle auch gar nicht förderlich.

Viel wichtiger ist, dass Sie mit möglichst liebevollen Gedanken zu Ihrem Körper ein bewussteres Verhältnis herstellen.

Auf diese Weise können Sie dann auch mit anderen Bereichen Ihres Organismus Kontakt aufnehmen. Sie können beispielsweise mit Körperteilen oder Organen kommunizieren, die Ihnen Kummer machen oder die Sie einfach nur gezielt stärken möchten.

Die Antwort kommt mit Verzögerung

Stellen Sie sich vor, dass Sie Ihrem Arm etwas mitteilen, von dem Sie absolut sicher wissen, dass es so ist: »Mein lieber rechter (beziehungsweise linker) Arm, du bist ganz schwer, ganz warm.« Warten Sie nicht auf eine prompte Antwort. Schließlich muss Ihr Arm die Nachricht erst erhalten! Das ist etwa so, wie wenn Sie einem guten Freund einen Brief schicken. Sie formulieren den Brief, stecken ihn in einen Umschlag und schicken ihn ab. Bevor Ihr Freund antworten kann, muss er den Brief erst erhalten, öffnen und lesen. Erst dann kann er sich hinsetzen und Ihnen schreiben. Kurz gesagt: Wenn Sie einem Freund schreiben, dann wissen Sie, dass es einige Tage dauern wird, bis seine Antwort bei Ihnen ankommt.

Das Geschenk Ihres Körpers

Ähnlich ist es mit Ihrem Körper. Auch er braucht seine Zeit, bis er Ihre Nachricht erhalten und »gelesen« hat. Aber Sie können sicher sein, er wird Ihnen eine Rückmeldung geben.

Sie ist wie ein Geschenk Ihres Körpers fürs regelmäßige Üben und für die liebevolle Zuwendung, die Sie ihm geben. Freuen Sie sich darauf!

Wieder ganz da – die Rücknahme

Wie jede Pause, so hat auch die Power-Pause mit Tropho-Training einen Anfang und ein Ende. Und so, wie Sie anfangs in die Konzentration auf Ihr Training einsteigen, so müssen Sie auch wieder bewusst »aussteigen«.
Der Fachbegriff dafür, den Entspannungszustand zu verlassen, lautet »Rücknahme«. Diese Rücknahme ist wichtig. Sie ist das Signal für Sie und Ihren Körper, sich mit Ihrer ganzen Aufmerksamkeit wieder der alltäglichen Wirklichkeit zuzuwenden.

So wecken Sie sich bewusst auf

Warum aber ist es so wichtig, sich bewusst und energisch wieder aufzuwecken?
Vielleicht kennen Sie diese Situation: Es ist Sonntagnachmittag und Sie haben es sich mit einem Buch auf der Couch gemütlich gemacht. Dabei sind Sie eingeschlafen. Dann klingelt das Telefon und Sie schrecken hoch. Schlaftrunken, fast wie in Trance, wanken Sie zum Telefonapparat und nehmen den Hörer ab. Sie fühlen sich ziemlich zerschlagen. Anfangs macht es Ihnen erhebliche Mühe, dem Gespräch zu folgen. Erst im Laufe der Zeit werden Sie allmählich wacher. Hätten Sie jedoch die Zeit gehabt, bewusst aufzuwachen, sich zu recken und zu strecken, hätte Ihr kleines Schläfchen seine erfrischende Wirkung entfalten können.

Recken und strecken Sie sich ausgiebig!

Damit TrophoTraining seine erfrischende Wirkung entfalten kann, beenden Sie Ihren Versenkungszustand regelmäßig durch ein ritualisiertes »Erwachen«. Dazu gibt es mehrere Methoden. Welche Sie anwenden, das hängt von der Situation ab, in der Sie sich gerade befinden.
Alleine zu Hause oder im Büro empfiehlt sich die ausführliche Weckaktion in drei Schritten:

Um in den Genuss der erfrischenden Wirkung der Übungen zu kommen, folgen Sie am besten dem Vorbild der Natur.

1. Räkeln Sie sich ausgiebig mit kräftigem Beugen und Strecken Ihrer Arme!
2. Atmen Sie tief aus und ein!
3. Öffnen Sie die Augen und bestätigen Sie sich: Ich bin erfrischt und hellwach!

Alternativ können Sie Ihre Übungseinheit auch beenden, indem Sie Arme und Beine strecken wie eine Katze, die sich räkelt. Gähnen Sie herzhaft und sagen Sie sich: Ich bin erfrischt und hellwach! Wenn Sie die Übungen in Gegenwart anderer einsetzen – beispielsweise während der Arbeit, bei einem Vortrag, in einem Konzert, bei einer Besprechung oder in der S-Bahn –, genügt es, dass Sie sich innerlich mehrmals energisch sagen: Ich bin erfrischt und hellwach! Welche Methode Sie auch immer wählen: Beenden Sie Ihre Übung immer eindeutig! Von dieser Regel gibt es nur eine Ausnahme.

TrophoTraining auch mal zum Einschlafen

Viele Menschen schlafen schlecht. Entweder finden sie nicht in den Entspannungszustand, der fürs Einschlafen erforderlich ist, oder aber sie wachen nachts immer wieder auf und fangen an zu grübeln. TrophoTraining kann helfen, beide Situationen zu entschärfen.

Und in diesem Fall verzichten Sie auf die Rücknahme. Denn die Vorstellung von »erfrischt und hellwach« würde das Einschlafen natürlich erschweren.

Sie leiden an Schlafstörungen und finden nachts keine Ruhe? TrophoTraining verhilft Ihnen auch zu einem erholsamen Schlaf.

Weil's so gut tut: Zugabe

Noch mehr TrophoTraining – für Wellness rundum

Mit dem Programm bis hierher haben Sie bereits ein vollwertiges Entspannungs-Special erlernt. Damit könnte dieses Buch eigentlich hier enden. Doch je mehr Sie üben und je vertrauter Sie mit dem TrophoTraining werden, umso mehr wächst vielleicht Ihre Lust, noch einen Schritt weiter zu gehen. Die nächsten Seiten geben Ihnen die Möglichkeit dazu: Hier ist die Zugabe!

TrophoTraining für Fortgeschrittene

Nach wenigen Wochen ist das TrophoTraining für Sie bereits zur Routine geworden. Mit einiger Erfahrung können Sie sich während des Trainings sogar bewegen, ohne gleich aus dem Üben »auszusteigen«. Schließlich verändert der Mensch auch im Schlaf seine Position immer wieder. Das heißt noch lange nicht, dass er deswegen aufwacht.

Nicht vergessen: Es ist ein Training

Auch beim TrophoTraining können Sie, wenn Ihnen danach ist, während des Übens Körperlage und Körperhaltung verändern, Sie können husten, sich kratzen oder eine Fliege verscheuchen und so weiter, ohne sich dadurch von Ihrer Konzentration ablenken zu lassen.
Allerdings handelt es sich – und das sollten Sie sich immer wieder bewusst machen – wirklich um ein Training. Vermeiden Sie daher, bei einzelnen angenehmen Empfindungen, die dabei auftreten können, genießerisch zu verweilen. Das würde nämlich Ihre Konzentration auf die Formeln beeinträchtigen. Erst wenn Sie sich das ganze TrophoTraining erarbeitet haben und die angestrebten Veränderungen eingetreten sind, dann können Sie an die Übung vor dem Zurücknehmen beliebig viel Zeit anhängen, um zum Beispiel Ihren Gedanken oder Ihren Gefühlen freien Lauf zu lassen.
Das heißt: Erst wenn Sie das TrophoTraining sicher beherrschen, sollten Sie es als Einstieg in einen längeren Versenkungszustand nutzen.

Für Wissbegierige gibt es TrophoTraining-Kurse

Alle bisherigen Übungen lassen sich relativ leicht aus diesem Buch lernen. Auch an die folgenden Formeln können Sie sich zunächst in Eigenregie wagen. Früher oder später werden Sie jedoch feststellen, dass Sie Fragen haben oder nach Erklärungen und vertiefenden Hintergrundinformationen suchen, die in dieser kurzen Anleitung nur angedeutet werden können. Oder Sie möchten sich in dieser Richtung einfach persönlich weiterentwickeln. Dann erkundigen Sie sich am besten danach, wo in Ihrer Nähe ein TrophoTraining-Kurs stattfindet (im Internet: www.trophotraining. de).
Solche Kurse werden im Rahmen der Erwachsenenbildung – zum Beispiel an Volkshochschulen – und als Prävention bundesweit angeboten. Zusammen mit anderen und im direkten Gespräch mit dem Kursleiter beziehungsweise der Kursleiterin werden Sie sicher noch viele weitere Anwendungsmöglichkeiten für dieses Stressbewältigungs-, Regenerations- und Entspannungsprogramm finden.

Tätiges Herz und langer Atem

Mit der folgenden Übung sprechen Sie Ihre wichtigsten Körperfunktionen an: Ihren Herzschlag und Ihre Atmung. Beginnen Sie die Übung zunächst wie gewohnt mit der Atem-Achtsamkeit. Danach wiederholen Sie die bisherigen Formeln:

- Alles ist ganz gleich-gültig.
- Ich bin ganz ruhig.
- Mein lieber rechter Arm, du bist ganz schwer, ganz warm.

Liebevoller Kontakt mit Herz und Atem

Wenden Sie sich dann Ihrem Herzen zu. Verwenden Sie dafür folgende Formel:

Mein liebes Herz, du schlägst ruhig, kräftig.

Machen Sie sich dabei bewusst, dass dieses Herz Ihren ganzen Körper Tag und Nacht mit Blut, Sauerstoff und Nährstoffen versorgt. Es schlägt immer so schnell und kräftig, wie Ihr Körper es gerade braucht. Langsam, wenn Sie dösend in der Sonne liegen, und schnell, wenn Sie im Laufschritt den Bus noch erreichen möchten. Es passt sich jeder Anforderung blitzschnell und vollautomatisch an – Ihr Leben lang. Darauf können Sie sich verlassen, denn es entspricht der Wirklichkeit. Deswegen brauchen Sie es auch nicht nachzuprüfen.
Schicken Sie Ihrem Herzen einfach folgende Botschaft: Mein liebes Herz, du schlägst ruhig, kräftig.
Ist das nicht wunderbar und gleichzeitig beruhigend? Denn ruhig meint, dass Sie diese Tatsache ruhig und gelassen annehmen dürfen.

Lassen Sie Atmung geschehen!

Ähnlich wie das Herz schlägt, so geschieht auch die Atmung, ohne dass Sie groß darüber nachdenken. Sie

info:

DAS HERZ: MYTHOS UND MOTOR

Nüchtern betrachtet ist das Herz eine besonders leistungsfähige Muskelpumpe: Über 7.000 Liter Blut schickt es täglich auf den Weg durch den Körper. Weit über 100.000 Mal schlägt es dafür.

Es arbeitet unermüdlich. Solange wir leben, hat es nicht eine Minute Pause, auch nicht, wenn wir schlafen. Dabei ist das Herz nicht einmal besonders groß: Es hat etwa die Maße einer Faust und wiegt beim Erwachsenen 300 bis 400 Gramm.

Doch das wirklich Faszinierende an diesem Organ ist nicht (nur) seine Mechanik. Weil es auf unsere Emotionen reagiert, gilt das Herz in vielen Kulturen als Sitz der Seele. Auch in unserer Sprache nehmen wir oft Bezug auf das Herz, wenn es um Gefühle geht. Da »klopft das Herz bis zum Halse« oder es »rutscht« gar »in die Hose«. Wird man enttäuscht, kann es sogar »brechen«.

Über unsere Atmung nehmen wir den lebenswichtigen Sauerstoff auf. Ein guter Grund, auch mit ihr in Kontakt zu treten.

können zwar auch willkürlich aus- und einatmen, hecheln, pusten oder die Luft anhalten, doch unbewusst atmen Sie auch im Schlaf weiter. Diese Tatsache drückt die nächste Formel aus:

Der Atem kommt und geht als ein Geschenk.

Überlassen Sie sich bei dieser Mitteilung dem beruhigenden Gefühl, dass Sie gar nichts tun müssen, um »richtig« zu atmen. Ist das nicht angenehm, einmal nichts tun zu müssen? Sie können die Atmung getrost sich selbst überlassen und darauf vertrauen, dass »es« alleine weiter atmet.
Diese vertrauensvolle Haltung unterstützen Sie durch den Satz:

Es atmet mich.

Stellen Sie sich dabei eine mit Sauerstoff angereicherte Wolke vor. Mit jedem Einatmen durchflutet diese Wolke nicht nur Ihre Lungen, sondern Ihren ganzen Körper. Der Atem bringt allen Zellen Lebensenergie. Jeder Atemzug schenkt Ihnen Ihr Leben von Neuem.
Das ist natürlich auch bei Ihnen so. Sie dürfen sich darüber freuen! Und: Mit jedem Ausatmen dürfen Sie Belastendes, Verbrauchtes abgeben, dürfen Sie loslassen.

Hören Sie auf den Rat Ihres Atems!

Und noch etwas lehrt Sie der Atem: Er zeigt Ihnen den Sinn von Pausen. Denn sein Rhythmus ist dreiteilig. Er besteht in Ausatmen – Pause – Einatmen. Wenn nun aber selbst der Atem sich eine Pause gönnt, dann dürfen Sie das erst recht tun!

Kommunikation mit dem Unterbewusstsein

Unser Unterbewusstsein kennt keine Logik im Sinne unseres bewussten Verstandes. Dennoch hat es eine unglaubliche Macht.
Es versteht nur eine Sprache aus Bildern, Tönen und Gefühlen. Auf die aber reagiert es konsequent. Wann immer Sie also mithilfe Ihres machtvollen Unterbewusstseins etwas leichter erreichen wollen, werden Sie immer dann erfolgreich sein, wenn es Ihnen gelingt, seine Sprache zu sprechen.
Das gilt für Ihre ganz persönlichen Ziele ebenso wie für Ihren Körper oder Ihre Gesundheit.

Sprache aus Bildern und Gefühlen

Als einem ernsthaften Erwachsenen mit einem kritischen Verstand fällt es Ihnen vielleicht erst einmal schwer, diese Sprache auszuprobieren. Denn eine Verständigung mittels Bildern und Gefühlen wirkt zwangsläufig einfach, naiv und kindlich. Deshalb folgen jetzt, um Ihnen den Anfang zu erleichtern, einige Vorstellungsbilder in der Sprache Ihres Unterbewusstseins. Sie sollen Ihnen die Kommunikation mit Ihrem Körper ermöglichen und vertiefen.
Betrachten Sie diese Bilder bitte als Vorschläge. Selbstverständlich steht es Ihnen frei, sich eigene auszudenken. Achten Sie jedoch darauf, dass es sich um Bilder handelt, die Sie mit positiven Gefühlen verbinden. Außerdem ist es sehr wichtig, dass die ausgewählten Bilder Ihrer tatsächlichen Wirklichkeit entsprechen.

Organismus als große Firma

Sehen Sie zum Beispiel Ihren Organismus bildlich als eine große, sehr komplexe Firma. So ein Unternehmen braucht eine gute Organisation, wenn es reibungslos funktionieren soll. Dafür wiederum sorgt die Führung. Da gibt es als oberste Instanz die Firmenleitung, darunter eine Füh-

Durchaus vergleichbar: unser Körper und ein multinationales Unternehmen. Beide müssen hervorragend organisiert sein.

rungsmannschaft, also ein oberes, mittleres und unteres Management. Auf ihrer jeweiligen Ebene kann und muss jede Führungskraft selbständig entscheiden. Für alle anderen darüber oder darunter ist sie der zuständige Ansprechpartner für ihren Bereich.

Führungskraft

Im Prinzip wird Ihr Körper mit seinen einzelnen Systemen, allen seinen Organen, Drüsen und Zellen mindestens ähnlich intelligent geführt und verwaltet wie so eine große Firma.
Stellen Sie sich also vor, es gäbe für jeden Körperbereich eine unsichtbare energetische Führungskraft, mit der Sie in Kontakt treten können. Und um diese Führungskräfte persönlich anzusprechen, geben Sie einfach jedem »Organ-Manager« einen Namen. Wählen Sie einen schönen Namen, also einen, der Ihnen gefällt und der für Sie eine möglichst positive Bedeutung hat. Schließlich sollten Sie die Führungskräfte Ihres Körpers gerne mit diesem Namen ansprechen.

Geben Sie den »Führungskräften Ihres Körpers« Namen.

Schutzengel für den Körper

Sie könnten sich zum Beispiel entscheiden, Ihre Organ-Manager »Engel« zu nennen. Vielleicht fühlten Sie sich als Kind mit Ihrem Schutzengel eng verbunden und sprachen mit ihm, wenn Sie Hilfe brauchten. Nun haben Sie eben auch einen Arm-Engel, einen Herz-Engel und viele, viele Zellen-Engel.
Erfahrungsgemäß ist diese Vorstellung von »Engeln« bei den meisten Menschen sehr wirksam. Denn das Unterbewusstsein nimmt sie recht bereitwillig an. Ganz nebenbei schafft dieses Bild aber auch eine Verbindung zu der persönlichen vertrauensvollen Vorstellung von einem Schöpfergott, die (fast) jeder Mensch hat.
Probieren Sie es einfach aus. Ihr Unterbewusstsein versteht und liebt diese Sprache. Sie können so zu einem direkten Kontakt mit Ihrem gesamten Körper kommen.

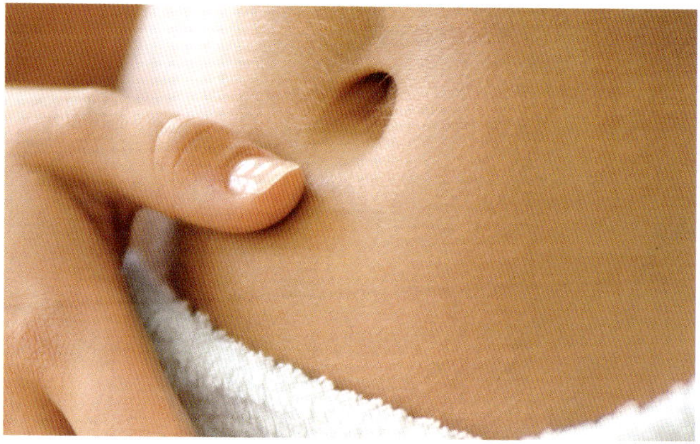

Der Bauch – die zentrale Wärmequelle unseres Körpers.

Warmer Bauch und kühle Stirn

Ein angenehm warmer Bauch ist Ausdruck von Wohlbefinden und Gesundheit. Er zeigt, dass die inneren Organe gut durchblutet sind und ohne Probleme funktionieren. Gerade so wie die berühmte Wärmflasche oder eine warme Hand auf dem Bauch nicht nur bei Kindern oft eine wundersame Wirkung entfaltet.

Übrigens: Die zentrale Wärmequelle des Körpers ist tatsächlich im Bauch angesiedelt. Sie können sich das zum Beispiel wie eine milde, angenehm wärmende Frühlingssonne vorstellen, die von Ihrem Bauch her in den gesamten Körper hineinstrahlt.

Für eine ruhige Gelassenheit gehört zur Wärme des Bauches auch eine kühle Stirn. Und tatsächlich ist die Stirn von außen normalerweise etwas kühler. Und das ist auch richtig so, denn für unseren Kopf gilt etwas anderes als für unseren Bauch: Es gilt als Ausdruck von Besonnenheit, stets einen kühlen Kopf zu bewahren und nicht zu überhitzen. Unsere Stirn ist sozusagen dafür zuständig, dass im Kopf die richtige »Arbeitstemperatur« gehalten wird.

Hier nun zwei Formeln, mit denen Sie Kontakt sowohl zu Ihrem Bauch als auch zu Ihrem Kopf aufnehmen können. Dabei teilen Sie beiden diese tatsächlichen Gegebenheiten mit, indem Sie folgende Sätze mehrmals vor Ihrem inneren Auge ablaufen lassen:

Mein lieber Leib (Bauch), du bist strömend warm.

Meine liebe Stirn, du bist angenehm kühl.

Verbinden Sie auch diese Formeln mit möglichst einfachen und einprägsamen Bildern Ihrer Wahl, so wie vielleicht mit der Sonne im Bauch und einem sanften Luftzug um die Stirn. Schließen Sie diese Formeln nun nacheinander an die Ihnen bereits geläufigen Vorstellungen an. Üben Sie diese einige Tage, bis sie automatisch in Ihren bisherigen konzentrierten Übungsablauf integriert sind. So wie zusätzliche Waggons an einen Zug angekoppelt werden.

Meditation zum Glück

Mit den Grundübungen von TrophoTraining sind Sie inzwischen vertraut. Und auch einige seiner Wirkungen haben Sie bereits kennen gelernt. Zumindest dann, wenn Sie bis hierher regelmäßig trainiert haben.
Vielleicht hat Ihr Körper Ihnen geantwortet: Mag sein, dass Ihnen die Schwere und Wärme des Körpers bewusst geworden sind, das Pulsieren Ihres Herzens und Ihrer Adern, das Durchwehtsein vom Atem, die strömende Wärme Ihres Leibes oder der leichte Hauch angenehmer Kühle auf Ihrer Stirn.

Formeln für noch mehr Wirkung

Wenn Sie weiter regelmäßig trainieren, wird es nicht mehr lange dauern, bis Ihnen ein einziger Begriff, zum Beispiel »gleich-gültig«, genügt, damit Sie sich blitzartig entspannen. Durch die kurzen, aber regelmäßigen Übungen ist mit der Zeit ein Reflex entstanden. Ihrem Körper genügt so schon ein geistiges Antippen und er schaltet automatisch auf Entspannung.

Gehen Sie auf Entdeckungsreise!

Rund sieben Wochen werden Sie brauchen, bis TrophoTraining seine vollen Effekte entfaltet. Das heißt aber natürlich nicht, dass sich vorher gar nichts tut. Die wohltuende Wirkung dieser Methode werden Sie schon nach kurzer Zeit spüren.
Nehmen Sie diese angenehmen Effekte als Motivation, im Üben nicht nachzulassen. Sie werden feststellen, dass da noch sehr viel mehr für Sie drinsteckt.

info:

MEDITATION – WAS IST DAS UND WIE WIRKT DAS?

Der Begriff stammt ursprünglich aus dem Lateinischen und bedeutet »über etwas nachsinnen« oder »nachdenken«, aber auch »sich üben«.

Charakteristisch für die Meditation ist ein veränderter Bewusstseinszustand. Er unterscheidet sich deutlich von unserem Alltagszustand und ähnelt eher einer Trance. Dieser Zustand lässt sich auch an der Hirnstromkurve erkennen. Dort zeigen sich vermehrt so genannte Alphawellen, die sonst nur in tiefer Entspannung oder zwischen Wachen und Schlafen vorherrschen.

Ein Ziel der Meditation ist, sich zum Beispiel mit einem Gedanken oder einem Satz intensiv zu beschäftigen. Gleichzeitig lässt man alle anderen Reize und Gedanken vorbeiziehen.

Regelmäßiges Meditieren schärft die Aufmerksamkeit, verbessert die Konzentrationsfähigkeit und verhilft zu einer größeren Ausgeglichenheit. Außerdem sind konsequent Meditierende widerstandsfähiger gegen Stress und Ängste.

Nutzen Sie die Kraft der Meditation in Ihrem Übungsprogramm.

Eine neue Dimension von Wohlfühlen

Mit der folgenden Übung erschließen Sie sich wahrscheinlich eine völlig neue Dimension im Umgang mit sich selbst.
Beginnen Sie wie gewohnt mit den bisherigen Übungen. Sie können sich jetzt immer besser auf die Ruhe, Entspannung und Gelassenheit konzentrieren. Und Sie bemerken, dass Sie immer leichter Zugang zu Ihrem Unterbewusstsein finden, dass Sie seine Sprache besser sprechen und verstehen. Nutzen Sie diese neu gewonnenen Fähigkeiten der Kommunikation!

Zusatzformeln für Glück und Zufriedenheit

Lassen Sie sich nach den gewohnten Übungen genügend Zeit und meditieren Sie folgende Vorstellungen, sofern sie für Sie stimmen:

➤ Ich liebe und akzeptiere mich und auch meinen Körper – so wie ich bin.
➤ Ich bin göttlich geführt.
➤ Ich freue mich, dass alles so ist, wie es ist.
➤ Ich bin ein fröhlicher, ein dankbarer Mensch.

Diese Formeln fördern ein Selbstbewusstsein, das angefüllt ist von Dankbarkeit und Warmherzigkeit dafür, dass Sie Ihren Körper haben. Wie alle Menschen, so sind auch Sie lebenslang auf Ihren Körper angewiesen. Gehen Sie also liebevoll mit sich und Ihrem Körper um!

Entwickeln Sie Ihre eigenen Vorstellungen

Sie können diese Meditationen auch durch eigene Vorstellungen ergänzen, die Ihrer jeweiligen persönlichen Situation entsprechen. Geben Sie allen Gefühlen Raum, die kommen wollen. Unangenehme Gedanken oder Gefühle lassen Sie einfach weiterziehen wie Wolken am Himmel. Fühlen Sie wie ein Kind. Einfach, naiv und liebevoll!

Tropho-Training – die Kurzfassung

Die erste Übung: Atem-Achtsamkeit

Schließen Sie für einen Augenblick die Augen. Schauen Sie sich mit Ihrem inneren Auge drei Atemzüge lang beim Atmen zu. Erzwingen Sie nichts und ändern Sie nichts. Lassen Sie den Atem geschehen.
Wenn der Atem langsam ausströmt, geben Sie alles hinein, was Sie belastet. Stellen Sie sich vor, wie Sie ihm alles mitgeben, was Sie bedrückt: alle Sorgen, den ganzen Ärger, jede Angst.

Die zweite Übung: Die Waage

Nach den drei Atemzügen denken Sie sich formelhaft folgenden Satz:

Alles ist ganz
gleich-gültig …

Alles ist ganz gleich-gültig: Das heißt nicht *mehr* gültig, nicht *weniger gültig,* sondern ganz *gleich gültig.*
Verbinden Sie diesen Satz mit einem passenden Bild. Dazu stellen Sie sich eine Waage vor. Eine Waage mit zwei Waagschalen, eine rechts und eine links.
Stellen Sie sich weiter vor, auf der einen Waagschale sitzen Sie mit allem, was zu Ihnen gehört. Auf der anderen Waagschale liegt alles andere. Dazu gehören alle Ansprüche Ihrer Umwelt an Sie, alles, was Sie ärgert, belastet oder ängstigt, und natürlich der ganze Stress.
Sehen Sie die beiden Waagschalen innerlich auf gleicher Höhe im Gleichgewicht, in einer ausgewogenen Balance.

Die dritte Übung: Die Ruheformel

Machen Sie sich bewusst, wie Sie gerade in diesem Augenblick dasitzen – vielleicht liegen oder stehen Sie ja auch. Von außen betrachtet sind Sie jedenfalls ruhig und unbewegt. Konzentrieren Sie sich nur auf dieses äußere Bild der Ruhe und stellen Sie für sich diesen so betrachtet zutreffenden Sachverhalt fest:

Ich bin ganz ruhig.

Die vierte Übung: Schwere und Wärme

Zum Einstieg für eine freundliche Kommunikation mit Ihrem Körper wählen Sie einen Körperteil, der Ihren Vorstellungen nahe und vertraut ist: Ihren rechten Arm. (Sind Sie Linkshänder, nehmen Sie entsprechend den linken Arm.) Verwenden Sie folgenden Satz:

Mein lieber rechter Arm,
du bist ganz schwer,
ganz warm.

Denken Sie daran: Mit dieser Formel teilen Sie Ihrem Arm lediglich den Sachverhalt mit. Es geht nicht darum, dass Sie aktiv etwas bewirken oder verändern!

Die fünfte Übung: Tätiges Herz und langer Atem

Mit der folgenden Übung sprechen Sie Ihre wichtigsten Körperfunktionen an: Ihren Herzschlag und Ihre Atmung. Wenden Sie sich zunächst liebevoll Ihrem Herzen zu und zwar mit der Vorstellung der folgenden Formel:

Mein liebes Herz, du schlägst ruhig, kräftig.

Als Nächstes ist die Atmung an der Reihe. Die Vorstellungsformel dafür lautet:

Der Atem kommt und geht als ein Geschenk.

Sie können die Atmung getrost sich selbst überlassen und darauf vertrauen, dass »es« weiter atmet.
Diese Haltung können Sie mit folgendem Satz zusätzlich unterstützen:

Es atmet mich.

Die sechste Übung: Warmer Bauch und kühle Stirn

Zwei besonders wichtige Körperbereiche sind Kopf und Bauch – auch im übertragenen Sinne!
Hier die zwei Formeln, mit deren Hilfe Sie Kontakt mit ihnen aufnehmen können:

Mein lieber Leib, du bist strömend warm.

Übrigens: Die zentrale Wärmequelle des Körpers ist ähnlich einer Sonne im Bauch angesiedelt. Zur Wärme im Bauch innen passt die kühle Stirn außen. Die entsprechende Formel lautet:

Meine liebe Stirn, du bist angenehm kühl.

Die siebte Übung: Meditation zum Glück

Wenn Sie alle Übungen bis hierher fertig haben, können Sie noch eine oder mehrere der folgenden Vorstellungen meditieren:

- Ich liebe und akzeptiere mich und auch meinen Körper – so wie ich bin.
- Ich bin göttlich geführt.
- Ich freue mich, dass alles so ist, wie es ist.
- Ich bin ein fröhlicher, ein dankbarer Mensch.

Sie können diese Meditationen auch durch eigene Vorstellungen ergänzen, die Ihrer jeweiligen persönlichen Situation entsprechen.

Zum Beenden: Die Rücknahme

Damit Sie nach einer Übungssequenz wieder »ganz da« sind, beenden Sie sie unbedingt ganz bewusst!
Wenn Sie das unbemerkt von anderen tun möchten, sagen Sie sich energisch den Satz: Ich bin erfrischt und hellwach.
Haben Sie Gelegenheit, sich zu bewegen, dann recken und strecken Sie sich ausgiebig und gähnen herzhaft!

Psychopädie – Wege zur Balance

Das TrophoTraining ist eingebettet in die Psychopädie. Die Psychopädie will uns helfen, mit uns selbst, mit unseren Mitmenschen, mit Gott und der ganzen Welt liebevoll umzugehen. Sie zeigt, wie Nehmen und Geben in einer erfreulichen Balance gehalten werden.
Die Psychopädie wurde entwickelt von dem Arzt, Psychotherapeuten und Psychoanalytiker Dr. Udo Derbolowsky auf der Grundlage seiner mehr als 50-jährigen Erfahrung in Praxis und Forschung.

Handeln mit Herz und Verstand

Sie ist sowohl inhaltlich als auch organisatorisch unabhängig von irgendwelchen weltlichen oder religiösen Organisationen. Der Begriff Psychopädie setzt sich zusammen aus den Wörtern Psyche (griech. Psyche = Seele) und -pädie (griech. paideia = Erziehung, Bildung).
Psychopädie versucht in erster Linie, die Zusammenhänge und Gestaltungsmöglichkeiten von aktuellen Lebens-, Arbeits-, Partnerschafts- und Kommunikationsproblemen zu erklären. Insofern ist die Psychopädie eine Verhaltenserziehung und Herzensbildung.
Sie lehrt, wie man seine Welt aus eigener Kraft fröhlich und mit Wohlwollen gestaltet und wie man an jedem Tag seine Lebensbedürfnisse zuverlässig und unabhängig vom Verhalten anderer erfüllt. Dabei vermittelt die Psychopädie das notwendige Wissen verständlich und systematisch, verknüpft mit vielen Übungen. Ein Beispiel dafür ist TrophoTraining.

Veränderung beginnt bei sich selbst

Einige Grundannahmen der Psychopädie lauten:

Mit TrophoTraining bleiben Körper, Geist und Seele in Balance.

- Körper, Geist und Seele des Menschen sind untrennbar miteinander vernetzt und verbunden.
- Veränderung beginnt man bei sich selbst. Denn hier ist jeder frei und unabhängig.
- Viele Probleme liegen in Selbstablehnung und Unzufriedenheit mit sich selbst begründet.
- Für Gesundheit und Lebensqualität sind harmonische Balancen und Liebe für Körper, Seele und Geist sowie zwischen dem Ich, dem Du und Gott notwendig.

Modernes und überliefertes Wissen

Die Psychopädie ist eine Synthese der wichtigsten Erkenntnisse aus der Psychologie, der Psychotherapie und der Psychoanalytik. Zugleich integriert sie das überlieferte Wissen der großen Weisheitslehren der Menschheit. Sie ist fest verwurzelt im christlichen Glauben an einen liebenden Schöpfergott.
Als pragmatischer, wissenschaftlich fundierter Erkenntnisweg verhilft die Psychopädie zur Umsetzung des biblischen Liebesgebots in den Alltag. Sie trägt dazu bei, die eigenen Persönlichkeitspotenziale zu erkennen, zu entfalten und zu stärken.
Die psychopädische Vorgehensweise ist einfach zu verstehen und umzusetzen. Teilnehmer berichten schnell von ersten Erfolgen und erleben eindrücklich, wie sich die Veränderungen zunehmend und dauerhaft einstellen.
Psychopädie ist eine Methode, deren Effekte jeder sofort in sein Leben und seine Verhaltensweisen einbringen kann.

Wissenschaft und Erfahrung

Die Psychopädie zeichnet sich unter anderem dadurch aus, dass sie eine zuverlässige, leicht anwendbare und wissenschaftlich fundierte Methodik liefert.
Mit ihrer Hilfe kann man Muster und Prägungen erkennen, die in einem selbst wirken. Und sie bietet Ansätze für gewünschte Verhaltensänderungen.
Beispiele für eine berufliche Anwendung der Psychopädie:

- Zusätzliche Qualifizierung beispielsweise für Ärzte, Heilpraktiker, Lehrer, Pfarrer und Pastoren, Erzieher, Berater, Trainer usw.
- Beratungs-, Unterrichts- und Supervisionstätigkeiten
- Tätigkeiten, die der Gesundheitsvorsorge und zur Rehabilitation dienen
- Führungs- und Managementtätigkeiten

info:

Der neue Trend: Selfness statt Wellness

Bisher beschränkte sich der Wellness-Gedanke vorwiegend auf das körperliche Wohlbefinden. Dahinter steckt die Vorstellung, dass es Geist und Verstand automatisch gut geht, wenn sich der Körper wohl fühlt.

Selfness dagegen bedeutet, das eigene Leben selbst in die Hand zu nehmen, sich selbst zu verändern und die Lebensführung selbst zu bestimmen.

Ziel dabei ist nicht, sich nur vorübergehend zu entspannen oder sich kurzzeitig wohl zu fühlen, sondern erfolgreich am eigenen Selbst zu arbeiten.

Ohne Eigenleistung des Individuums geht es dabei natürlich nicht. Denn Kompetenzen in der Lebensführung, im Umgang mit sich selbst und anderen wollen erlernt und auch geübt sein. TrophoTraining und Psychopädie sind dafür bewährte Methoden.

Gesucht – gefunden

Bücher aus dem GRÄFE UND UNZER VERLAG

Grasberger, Dr. Delia: Autogenes Training (Übungsbuch mit CD)
Hainbuch, Dr. Friedrich: Muskelentspannung nach Jacobson (Übungsbuch mit CD)
Johnen, Wilhelm: Muskelentspannung nach Jacobson
Langen, Prof. Dr. Dietrich: Autogenes Training
Lesch, Matthias/Förder, Gabriele: Kinesiologie. Aus dem Stress in die Balance.
Lindinger, Dr. Karin: Lass los und gewinne!
Mannschatz, Marion: Meditation. Mehr Klarheit und innere Ruhe (Übungsbuch mit CD)
Mertens, Wilhelm/Oberlack, Helmut: Qigong. Entspannt, gelassen und hellwach (Übungsbuch mit CD)
Pfennighaus, Dr. Dietmar: Einfach entspannen
Schutt, Karin: Relax-Massagen
Trökes, Anna: Das große Yoga Buch

Buchtipps

Derbolowsky, Udo und Jakob: Liebenswert bist du immer. So schützen Sie Ihre seelische Gesundheit. Junfermann, Paderborn
Dieses Buch zeigt, wie es Ihnen gelingen kann, sich Ihrer selbst anzunehmen, Ängste zu überwinden und zu einem freien, selbstbewussten Umgang mit Mitmenschen zu kommen, in Theorie und Praxis!

Derbolowsky, Udo: Kränkung, Krankheit, Heilung. Neuromedizinverlag, Hersfeld.
In einer ganzheitlichen Sicht auf den Menschen werden diese Begriffe erläutert. Der Autor beschreibt lebensnah anhand von eigenen Fallbeschreibungen unkomplizierte körperliche, seelische und geistige Wege zur Heilung.

Derbolowsky, Udo und Regina: Atem ist Leben. Psychopädica Verlag, Germering
31 Atemübungen für jeden Tag, die man ohne Vorkenntnisse anwenden kann, um sich vorbeugend und heilend zu stärken. Durch Fallbeschreibungen werden die Heilkräfte des Atems in ganzheitlichem Zusammenhang deutlich.

Grün, Anselm: 50 Engel für das Jahr. Herder, Freiburg
Kurze Geschichten zu verschiedenen Aspekten unserer Lebensgestaltung, die uns nachdenklich machen wollen und anregen, bewusster, gelassener und geborgener durch das Leben zu gehen.

Johnson, Spencer: Eine Minute für mich. Rowohlt, Reinbek
Dieses Buch vermittelt auf sehr einfache und gerade deshalb eindrucksvolle Weise einen Ansatz, wie wir mit wenig Aufwand unser eigenes und damit auch das Leben unserer Mitmenschen zufriedener und glücklicher gestalten können.

von Dürckheim, Karlfried: Der Alltag als Übung. Huber, Bern
In diesem Buch geht es um den inneren Weg, um die Verwirklichung des eigenen Inbilds im Leben. Dabei ist eine Voraussetzung für richtiges Üben die Erfahrung des eigenen Wesens. Was richtiges Üben in diesem ganzheitlichen Sinne bedeutet und wie es zum Alltag gehört, wird tiefgehend und zugleich anschaulich dargestellt.

Hilfreiche Adressen:

Private Akademie
für Psychopädie
Im Tann 16
82110 Germering
Tel.: 0 89 / 84 75 71
Fax: 0 89 / 8 94 81 21
E-Mail: in-fo@derbolowsky.de
Internet: www.derbolowsky.de

Deutsche Gesellschaft
für TrophoTraining
und Psychopädie e.V.
Inga Dalhoff, Schriftführerin
Krottenkopfstr. 10
81377 München
Tel.: 0 89 / 71 93 09 33
www.trophotraining.org

www-Tipps

www.focusonline.de/gesundheit
www.gesundheitstrends.de
www.lifeline.de
www.mdr.de/hauptsache-gesund

Sachregister

Die Autoren

Dr. med. Jakob Derbolowsky ist Facharzt für Gynäkologie, Psychotherapie und Umweltmedizin mit Spezialausbildung in Psychoanalyse, Psychodrama, Balinttechnik, Gruppendynamik, Verhaltenstherapie und NLP. Seit 1988 leitet er neben der privaten Praxis für psychosomatische Probleme und Psychotherapie die Private Akademie für Psychopädie in Germering bei München. Er berät in den Bereichen Management, Sport und Gesundheit, hält Vorträge und Seminare und ist Autor zahlreicher Artikel sowie Bücher.

Dr. med. Gudrun Starringer ist Ernährungsmedizinerin und hat Zusatzausbildungen in den Bereichen Psychotherapie, Fitness und Entspannung absolviert. Sie ist ärztliche Leiterin im Gesundheitspark der Münchner Volkshochschule. In ihrer Praxis macht sie Beratungen rund um die Themen Bewegung, Ernährung und Entspannung.

Wichtiger Hinweis

Die Ratschläge des vorliegenden Buches wurden sorgfältig recherchiert und haben sich in der Praxis bewährt. Alle Leserinnen und Leser sind jedoch aufgefordert, selbst zu entscheiden, ob und inwieweit sie die Anregungen aus dem Buch umsetzen wollen. Autoren und Verlag übernehmen keine Haftung für die Resultate.

Bildnachweis

Picture Press: U1
Bw photoagentur: 30; Corbis: U2, 4, 19; Getty: 43;
Iconica: 14, 23, 31, 37; IFA: 16, 24, 35; Jump: 12, 29; Mauritius: 9, 20, 27, 36, 38; Rickers: 32;
Wagenhahn: 40; Zefa: 11

Impressum

Programmleitung:
Ulrich Ehrlenspiel
Redaktion: Corinna Feicht
Lektorat:
Andreas Kobschätzky
Layout: Heinz Kraxenberger
Umschlag: independent Medien-Design
Gestaltung: Dorothee Griesbeck, Die Buchmacher, München
Herstellung: Gloria Pall
Lithos: Fotolitho Longo, Bozen
Druck/Bindung: Alcione, Trento

ISBN 3-7742-7198-4

Auflage	5.	4.	3.	2.	1.
Jahr	09	08	07	06	05

GRÄFE UND UNZER

Ein Unternehmen der
GANSKE VERLAGSGRUPPE